Maurice Maeterlinck

# Pelléas et Mélisande

Texte et illustration de couverture : © domaine public
Edition : Culturea (Hérault, 34)
Contact : infos@culturea.fr
Retrouvez notre catalogue sur http://culturea.fr
Imprimé en Allemagne par Books on Demand
Design typographique : Derek Murphy
Layout : Reedsy (https://reedsy.com/)

Dépôt légal : janvier 2023


ISBN : 9791041917532

## Table des matières

# PERSONNAGES

ARKEL, *roi d'Allemonde.*
GENEVIÈVE, *mère de Pelléas et de Golaud.*
PELLÉAS, GOLAUD, *petits-fils d'Arkël.*
MÉLISANDE.
Le petit YNIOLD, *fils de Golaud (d'un premier lit).*
Un médecin.
Le portier.
Servantes, pauvres, etc.

# ACTE PREMIER

# SCÈNE I

*La porte du château.*

LES SERVANTES, *à l'intérieur* : Ouvrez la porte ! Ouvrez la porte !

LE PORTIER : Qui est là ? Pourquoi venez-vous m'éveillez ? Sortez par les petites portes ; sortez par les petites portes ; il y en a assez !...

UNE SERVANTE, *à l'intérieur* : Nous venons laver le seuil, la porte et le perron ; ouvrez donc ! ouvrez donc !

UNE AUTRE SERVANTE, *à l'intérieur* : Il y aura de grands événements !

TROISIÈME SERVANTE, *à l'intérieur* : Il y aura de grandes fêtes ! Ouvrez vite !...

LES SERVANTES : Ouvrez donc ! ouvrez donc !

LE PORTIER : Attendez ! attendez ! Je ne sais pas si je pourrai l'ouvrir... Elle ne s'ouvre jamais... Attendez qu'il fasse clair...

PREMIÈRE SERVANTE : Il fait assez clair dehors ; je vois le soleil par les fentes...

LE PORTIER : Voici les grandes clefs... Oh ! comme ils grincent, les verrous et les serrures... Aidez-moi ! aidez-moi !...

LES SERVANTES : Nous tirons, nous tirons...

DEUXIÈME SERVANTE : Elle ne s'ouvrira pas...

PREMIÈRE SERVANTE : Ah ! ah ! Elle s'ouvre ! elle s'ouvre lentement !

LE PORTIER : Comme elle crie ! Elle éveillera tout le monde...

DEUXIÈME SERVANTE, *paraissant sur le seuil* : Oh ! qu'il fait déjà clair au dehors !

PREMIÈRE SERVANTE : Le soleil se lève sur la mer !

LE PORTIER : Elle est ouverte... Elle est grande ouverte !...

*Toutes les servantes paraissent sur le seuil et le franchissent.*

PREMIÈRE SERVANTE : Je vais d'abord laver le seuil...

DEUXIÈME SERVANTE : Nous ne pourrons jamais nettoyer tout ceci.

D'AUTRES SERVANTES : Apportez l'eau ! apportez l'eau !

LE PORTIER : Oui, oui ; versez l'eau, versez toute l'eau du déluge ; vous n'en viendrez jamais à bout...

## SCÈNE II

*Une forêt.*

*On découvre Mélisande au bord d'une fontaine. – Entre Golaud.*

GOLAUD : Je ne pourrai plus sortir de cette forêt. – Dieu sait jusqu'où cette bête m'a mené. Je croyais cependant l'avoir blessée à mort ; et voici des traces de sang. Mais maintenant, je l'ai perdue de vue ; je crois que je me suis perdu moi-même – et mes chiens ne me retrouvent plus – je vais revenir sur mes pas... – J'entends pleurer... Oh ! oh ! qu'y a-t-il là au bord de l'eau ?... Une petite fille qui pleure à la fontaine ! *(Il tousse.)* – Elle ne m'entend pas. Je ne vois pas son visage. *(Il s'approche et touche Mélisande à l'épaule.)* Pourquoi pleures-tu ? *(Mélisande tressaille, se dresse et veut fuir.)* – N'ayez pas peur. Vous n'avez rien à craindre. Pourquoi pleurez-vous, ici, toute seule ?

MÉLISANDE : Ne me touchez pas ! ne me touchez pas !

GOLAUD : N'ayez pas peur... Je ne vous ferai pas... Oh ! vous êtes belle !

MÉLISANDE : Ne me touchez pas ! ou je me jette à l'eau !...

GOLAUD : Je ne vous touche pas... Voyez, je resterai ici, contre l'arbre. N'ayez pas peur. Quelqu'un vous a-t-il fait du mal ?

MÉLISANDE : Oh ! oui ! oui, oui !...

*Elle sanglote profondément.*

GOLAUD : Qui est-ce qui vous a fait du mal ?

MÉLISANDE : Tous ! tous !

GOLAUD : Quel mal vous a-t-on fait ?

MÉLISANDE : Je ne veux pas le dire ! je ne peux pas le dire !...

GOLAUD : Voyons ; ne pleurez pas ainsi. D'où venez-vous ?

MÉLISANDE : Je me suis enfuie !... enfuie...

GOLAUD : Oui, mais d'où vous êtes-vous enfuie ?

MÉLISANDE : Je suis perdue !... perdue ici... Je ne suis pas d'ici... Je ne suis pas née là...

GOLAUD : D'où êtes-vous ? Où êtes-vous née ?

MÉLISANDE : Oh ! oh ! loin d'ici... loin... loin...

GOLAUD : Qu'est-ce qui brille ainsi au fond de l'eau ?

MÉLISANDE : Où donc ? Ah ! c'est la couronne qu'il m'a donnée. Elle est tombée tandis que je pleurais.

GOLAUD : Une couronne ? – Qui est-ce qui vous a donné une couronne ? – Je vais essayer de la prendre...

MÉLISANDE : Non, non ; je n'en veux plus ! Je préfère mourir tout de suite...

GOLAUD : Je pourrais la retirer facilement. L'eau n'est pas très profonde.

MÉLISANDE : Je n'en veux plus ! Si vous la retirez, je me jette à sa place !...

GOLAUD : Non, non ; je la laisserai là. Elle semble très belle. – Y a-t-il longtemps que vous avez fui ?

MÉLISANDE : Oui... qui êtes-vous ?

GOLAUD : Je suis le prince Golaud – le petit-fils d'Arkël, le vieux roi d'Allemonde...

MÉLISANDE : Oh ! vous avez déjà les cheveux gris...

GOLAUD : Oui ; quelques-uns, ici, près des tempes...

MÉLISANDE : Et la barbe aussi... Pourquoi me regardez-vous ainsi ?

GOLAUD : Je regarde vos yeux. – Vous ne fermez jamais les yeux ?

MÉLISANDE : Si, si ; je les ferme la nuit...

GOLAUD : Pourquoi avez-vous l'air si étonné ?

MÉLISANDE : Vous êtes un géant ?

GOLAUD : Je suis un homme comme les autres...

MÉLISANDE : Pourquoi êtes-vous venu ici ?

GOLAUD : Je n'en sais rien moi-même. Je chassais dans la forêt. Je poursuivais un sanglier. Je me suis trompé de chemin. – Vous avez l'air très jeune. Quel âge avez-vous ?

MÉLISANDE : Je commence à avoir froid...

GOLAUD : Voulez-vous venir avec moi ?

MÉLISANDE : Non, non ; je reste ici...

GOLAUD : Vous ne pouvez pas rester seule. Vous ne pouvez pas rester ici toute la nuit... Comment vous nommez-vous ?

MÉLISANDE : Mélisande.

GOLAUD : Vous ne pouvez pas rester ici, Mélisande. Venez avec moi...

MÉLISANDE : Je reste ici...

GOLAUD : Vous aurez peur, toute seule. Toute la nuit..., ce n'est pas possible. Mélisande, venez, donnez-moi la main...

MÉLISANDE : Oh ! ne me touchez pas !...

GOLAUD : Ne criez pas... Je ne vous toucherai plus. Mais venez avec moi. La nuit sera très noire et très froide. Venez avec moi...

MÉLISANDE : Où allez-vous ?...

GOLAUD : Je ne sais pas... Je suis perdu aussi...

*Ils sortent.*

## SCÈNE III

*Une salle dans le château.*

GENEVIÈVE : Voici ce qu'il écrit à son frère Pelléas ; « Un soir, je l'ai trouvée tout en pleurs au bord d'une fontaine, dans la forêt où je m'étais perdu. Je ne sais ni son âge, ni qui elle est, ni d'où elle vient et je n'ose pas l'interroger, car elle doit avoir une grande épouvante, et quand on lui demande ce qui lui est arrivé, elle pleure tout à coup comme un enfant et sanglote si profondément qu'on a peur. Au moment où je l'ai trouvée près des sources, une couronne d'or avait glissé de ses cheveux, et était tombée au fond de l'eau. Elle était d'ailleurs vêtue comme une princesse, bien que ses vêtements fussent déchirés par les ronces. Il y a maintenant six mois que je l'ai épousée et je n'en sais pas plus qu'au jour de notre rencontre. En attendant, mon cher Pelléas, toi que j'aime plus qu'un frère, bien que nous ne soyons pas nés du même père ; en attendant, prépare mon retour... Je sais que ma mère me pardonnera volontiers. Mais j'ai peur du roi, notre vénérable aïeul, j'ai peur d'Arkël, malgré toute sa bonté, car j'ai déçu par ce mariage étrange, tous ses projets politiques, et je crains que la beauté de Mélisande n'excuse pas à ses yeux, si sages, ma folie. S'il consent néanmoins à l'accueillir comme il accueillerait sa propre fille, le troisième soir qui suivra cette lettre, allume une lampe au sommet de la tour qui regarde la mer. Je l'apercevrai du pont de notre navire ; sinon j'irai plus loin et ne reviendrai plus... » Qu'en dites-vous ?

ARKEL : Je n'en dis rien. Il a fait ce qu'il devait probablement faire. Je suis très vieux et cependant je n'ai pas encore vu clair, un instant, en moi-même ; comment voulez-vous que je juge ce que d'autres ont fait ? Je ne suis pas loin du tombeau et je ne parviens pas à me juger moi-même... On se trompe toujours lorsqu'on ne ferme pas les yeux pour pardonner ou pour mieux regarder en soi-même. Cela nous semble étrange ; et voilà tout. Il a passé l'âge mûr et il épouse, comme un enfant, une petite fille qu'il trouve près d'une source... Cela nous semble étrange, parce que nous ne voyons jamais que l'envers des destinées... l'envers même de la nôtre... Il avait toujours suivi mes conseils jusqu'ici ; j'avais cru le rendre heureux en l'envoyant demander la main de la princesse Ursule... Il ne pouvait pas rester seul, et depuis la mort de sa femme il était triste d'être seul ; et ce mariage allait mettre fin à de longues guerres et à de vieilles haines... Il ne l'a pas voulu. Qu'il en soit comme il l'a voulu : je ne me suis jamais mis en travers d'une destinée ; et il sait mieux que moi son avenir. Il n'arrive peut-être pas d'événements inutiles...

GENEVIÈVE : il a toujours été si prudent, si grave et si ferme... Si c'était Pelléas, je comprendrais... Mais lui... à son âge... Qui va-t-il introduire ici ? – Une inconnue trouvée le long des routes... Depuis la mort de sa femme il ne vivait plus que pour son fils, le petit Yniold, et s'il allait se remarier, c'était parce que vous l'aviez voulu... Et maintenant... une petite fille dans la forêt... Il a tout oublié... – Qu'allons-nous faire ?...

*Entre Pelléas.*

ARKEL : Qui est-ce qui entre là ?

GENEVIÈVE : C'est Pelléas. Il a pleuré.

ARKEL : Est-ce toi, Pelléas ? – Viens un peu plus près que je te voie dans la lumière...

PELLÉAS : Grand-père, j'ai reçu, en même temps que la lettre de mon frère, une autre lettre ; une lettre de mon ami

Marcellus… Il va mourir et il m'appelle. Il voudrait me voir avant de mourir…

ARKEL : Tu voudrais partir avant le retour de ton frère ? – Ton ami est peut-être moins malade qu'il ne le croit…

PELLÉAS : Sa lettre est si triste qu'on voit la mort entre les lignes… Il dit qu'il sait exactement le jour où la fin doit venir… Il me dit que je puis arriver avant elle si je veux, mais qu'il n'y a plus de temps à perdre. Le voyage est très long et si j'attends le retour de Golaud, il sera peut-être trop tard…

ARKEL : Il faudrait attendre quelque temps cependant… Nous ne savons pas ce que ce retour nous prépare. Et d'ailleurs ton père n'est-il pas ici, au-dessus de nous, plus malade peut-être que ton ami… Pourras-tu choisir entre le père et l'ami ?…

*Il sort.*

GENEVIÈVE : Aie soin d'allumer la lampe dès ce soir, Pelléas…

*Ils sortent séparément.*

# SCÈNE IV

*Devant le château.*

*Entrent Geneviève et Mélisande.*

MÉLISANDE : Il fait sombre dans les jardins. Et quelles forêts, quelles forêts tout autour des palais !...

GENEVIÈVE : Oui ; cela m'étonnait aussi quand je suis arrivée, et cela étonne tout le monde. Il y a des endroits où l'on ne voit jamais le soleil. Mais l'on s'y fait vite... Il y a longtemps... Il y a près de quarante ans que je vis ici... Regardez de l'autre côté, vous aurez la clarté de la mer...

MÉLISANDE : J'entends du bruit au-dessous de nous...

GENEVIÈVE : Oui ; c'est quelqu'un qui monte vers nous... Ah ! c'est Pelléas... Il semble encore fatigué de vous avoir attendue si longtemps...

MÉLISANDE : Il ne nous a pas vues.

GENEVIÈVE : Je crois qu'il nous a vues, mais il ne sait ce qu'il doit faire... Pelléas, Pelléas, est-ce toi ?

PELLÉAS : Oui !... Je venais du côté de la mer...

GENEVIÈVE : Nous aussi ; nous cherchions la clarté. Ici, il fait un peu plus clair qu'ailleurs ; et cependant la mer est sombre.

PELLÉAS : Nous aurons une tempête cette nuit. Nous en avons souvent... et cependant la mer est si calme ce soir... On s'embarquerait sans le savoir et l'on ne reviendrait plus.

MÉLISANDE : Quelque chose sort du port...

PELLÉAS : Il faut que ce soit un grand navire... Les lumières sont très hautes, nous le verrons tout à l'heure quand il entrera dans la bande de clarté...

GENEVIÈVE : Je ne sais pas si nous pourrons le voir... il y a une brume sur la mer...

PELLÉAS : On dirait que la brume s'élève lentement...

MÉLISANDE : Oui ; j'aperçois, là-bas, une petite lumière que je n'avais pas vue...

PELLÉAS : C'est un phare ; il y en a d'autres que nous ne voyons pas encore.

MÉLISANDE : Le navire est dans la lumière... Il est déjà bien loin...

PELLÉAS : C'est un navire étranger. Il me semble plus grand que les nôtres...

MÉLISANDE : C'est le navire qui m'a menée ici !...

PELLÉAS : Il s'éloigne à toutes voiles...

MÉLISANDE : C'est le navire qui m'a menée ici. Il a de grandes voiles… Je le reconnais à ses voiles…

PELLÉAS : Il aura mauvaise mer cette nuit…

MÉLISANDE : Pourquoi s'en va-t-il ?… On ne le voit presque plus… Il fera peut-être naufrage…

PELLÉAS : La nuit tombe très vite…

*Un silence.*

GENEVIÈVE : Personne ne parle plus ?… Vous n'avez plus rien à vous dire ?… Il est temps de rentrer. Pelléas, montre la route à Mélisande. Il faut que j'aille voir, un instant, le petit Yniold.

*Elle sort.*

PELLÉAS : On ne voit plus rien sur la mer…

MÉLISANDE : Je vois d'autres lumières.

PELLÉAS : Ce sont les autres phares… Entendez-vous la mer ?… C'est le vent qui s'élève… Descendons par ici. Voulez-vous me donner la main ?

MÉLISANDE : Voyez, voyez, j'ai les mains pleines de feuillages.

PELLÉAS : Je vous soutiendrai par le bras, le chemin est escarpé et il y fait très sombre… Je pars peut-être demain…

MÉLISANDE : Oh !… Pourquoi partez-vous ?

*Ils sortent.*

# ACTE DEUXIÈME

# SCÈNE I

*Une fontaine dans le parc.*

PELLÉAS : Vous ne savez pas où je vous ai menée ? – Je viens souvent m'asseoir ici, vers midi, lorsqu'il fait trop chaud dans les jardins. On étouffe, aujourd'hui, même à l'ombre des arbres.

MÉLISANDE : Oh ! l'eau est claire...

PELLÉAS : Elle est fraîche comme l'hiver. C'est une vieille fontaine abandonnée. Il paraît que c'était une fontaine miraculeuse, – elle ouvrait les yeux des aveugles. – On l'appelle encore la « fontaine des aveugles ».

MÉLISANDE : Elle n'ouvre plus les yeux ?

PELLÉAS : Depuis que le roi est presque aveugle lui-même, on n'y vient plus...

MÉLISANDE : Comme on est seul ici... On n'entend rien.

PELLÉAS : Il y a toujours un silence extraordinaire... On entendrait dormir l'eau... Voulez-vous vous asseoir au bord du bassin de marbre ? Il y a un tilleul que le soleil ne pénètre jamais...

MÉLISANDE : Je vais me coucher sur le marbre. – Je voudrais voir le fond de l'eau...

PELLÉAS : On ne l'a jamais vu. – Elle est peut-être aussi profonde que la mer. – On ne sait d'où elle vient. – Elle vient peut-être du centre de la terre...

MÉLISANDE : Si quelque chose brillait au fond, on le verrait peut-être...

PELLÉAS : Ne vous penchez pas ainsi...

MÉLISANDE : Je voudrais toucher l'eau...

PELLÉAS : Prenez garde de glisser... Je vais vous tenir la main...

MÉLISANDE : Non, non, je voudrais y plonger mes deux mains... on dirait que mes mains sont malades aujourd'hui...

PELLÉAS : Oh ! oh ! prenez garde ! prenez garde ! Mélisande !... Mélisande !... – Oh ! votre chevelure !...

MÉLISANDE, *se redressant* : Je ne peux pas, je ne peux pas l'atteindre.

PELLÉAS : Vos cheveux ont plongé dans l'eau...

MÉLISANDE : Oui, oui ; ils sont plus longs que mes bras... Ils sont plus longs que moi...

*Un silence.*

PELLÉAS : C'est au bord d'une fontaine aussi, qu'il vous a trouvée ?

MÉLISANDE : Oui...

PELLÉAS : Que vous a-t-il dit ?

MÉLISANDE : Rien ; – je ne me rappelle plus...

PELLÉAS : Était-il tout près de vous ?

MÉLISANDE : Oui ; il voulait m'embrasser...

PELLÉAS : Et vous ne vouliez pas ?

MÉLISANDE : Non.

PELLÉAS : Pourquoi ne vouliez-vous pas ?

MÉLISANDE : Oh ! oh ! j'ai vu passer quelque chose au fond de l'eau...

PELLÉAS : Prenez garde ! prenez garde ! – Vous allez tomber ! – Avec quoi jouez-vous ?

MÉLISANDE : Avec l'anneau qu'il m'a donné...

PELLÉAS : Prenez garde ; vous allez le perdre...

MÉLISANDE : Non, non, je suis sûre de mes mains...

PELLÉAS : Ne jouez pas ainsi, au-dessus d'une eau si profonde...

MÉLISANDE : Mes mains ne tremblent pas.

PELLÉAS : Comme il brille au soleil ! – Ne le jetez pas si haut vers le ciel...

MÉLISANDE : Oh !...

PELLÉAS : Il est tombé ?

MÉLISANDE : Il est tombé dans l'eau !...

PELLÉAS : Où est-il ?

MÉLISANDE : Je ne le vois pas descendre...

PELLÉAS : Je crois que je le vois briller...

MÉLISANDE : Où donc ?

PELLÉAS : Là-bas... là-bas...

MÉLISANDE : Oh ! qu'il est loin de nous !... non, non, ce n'est pas lui, ... ce n'est pas lui... Il est perdu... Il n'y a plus qu'un grand cercle sur l'eau... Qu'allons-nous faire ? Qu'allons-nous faire maintenant ?...

PELLÉAS : Il ne faut pas s'inquiéter ainsi pour une bague. Ce n'est rien... nous la retrouverons peut-être. Ou bien nous en trouverons une autre...

MÉLISANDE : Non, non ; nous ne la retrouverons plus, nous n'en trouverons pas d'autres non plus... Je croyais l'avoir dans les mains cependant... J'avais déjà fermé les mains, et elle est tombée malgré tout... Je l'ai jetée trop haut du côté du soleil...

PELLÉAS : Venez, venez, nous reviendrons un autre jour... venez, il est temps. On pourrait nous surprendre... Midi sonnait au moment où l'anneau est tombé...

MÉLISANDE : Qu'allons-nous dire à Golaud s'il demande où il est ?

PELLÉAS : La vérité, la vérité, la vérité...

*Ils sortent.*

## SCÈNE II

*Un appartement dans le château.*

*On découvre Golaud étendu sur son lit ; Mélisande est à son chevet.*

GOLAUD : Ah ! ah ! tout va bien, cela ne sera rien. Mais je ne puis m'expliquer comment cela s'est passé. Je chassai tranquillement dans la forêt. Mon cheval s'est emporté tout à coup, sans raison. A-t-il vu quelque chose d'extraordinaire ?... Je venais d'entendre sonner les douze coups de midi. Au douzième coup, il s'effraie subitement, et court, comme un aveugle fou, contre un arbre. Je n'ai plus rien entendu. Je ne sais plus ce qui est arrivé. Je suis tombé, et lui doit être tombé sur moi. Je croyais avoir toute la forêt sur la poitrine ; je croyais que mon cœur était écrasé. Mais mon cœur est solide. Il paraît que ce n'est rien...

MÉLISANDE : Voulez-vous boire un peu d'eau ?

GOLAUD : Merci, merci ; je n'ai pas soif.

MÉLISANDE : Voulez-vous un autre oreiller ?... Il y a une petite tache de sang sur celui-ci.

GOLAUD : Non, non ; ce n'est pas la peine. J'ai saigné de la bouche tout à l'heure. Je saignerai peut-être encore...

MÉLISANDE : Est-ce bien sûr ?... Vous ne souffrez pas trop ?

GOLAUD : Non, non, j'en ai vu bien d'autres. Je suis fait au fer et au sang... Ce ne sont pas des petits os d'enfant que j'ai autour du cœur, ne t'inquiète pas...

MÉLISANDE : Fermez les yeux et tâchez de dormir. Je resterai ici toute la nuit...

GOLAUD : Non, non ; je ne veux pas que tu te fatigues ainsi. Je n'ai besoin de rien ; je dormirai comme un enfant... Qu'y a-t-il, Mélisande ? Pourquoi pleures-tu tout à coup ?...

MÉLISANDE, *fondant en larmes* : Je suis... Je suis souffrante aussi...

GOLAUD : Tu es souffrante ?... Qu'as-tu donc, Mélisande ?...

MÉLISANDE : Je ne sais pas... Je suis malade aussi... Je préfère vous le dire aujourd'hui ; seigneur, je ne suis pas heureuse ici...

GOLAUD : Qu'est-il donc arrivé, Mélisande ? Qu'est-ce que c'est ?... Moi qui ne me doutais de rien... Qu'est-il donc arrivé ?... Quelqu'un t'a fait du mal ?... Quelqu'un t'aurait-il offensée ?

MÉLISANDE : Non, non ; personne ne m'a fait le moindre mal... Ce n'est pas cela... Mais je ne puis plus vivre ici. Je ne sais pas pourquoi... Je voudrais m'en aller, m'en aller !... Je vais mourir si l'on me laisse ici...

GOLAUD : Mais il est arrivé quelque chose ? Tu dois me cacher quelque chose ?... Dis-moi toute la vérité, Mélisande... Est-ce le roi ?... Est-ce ma mère ?... Est-ce Pelléas ?...

MÉLISANDE : Non, non ; ce n'est pas Pelléas. Ce n'est personne... Vous ne pouvez pas me comprendre...

GOLAUD : Pourquoi ne comprendrais-je pas ?... Si tu ne me dis rien, que veux-tu que je fasse... Dis-moi tout, et je comprendrai tout.

MÉLISANDE : Je ne sais pas moi-même ce que c'est... Si je pouvais vous le dire, je vous le dirais... C'est quelque chose qui est plus fort que moi...

GOLAUD : Voyons ; sois raisonnable, Mélisande. – Que veux-tu que je fasse ? – Tu n'es plus une enfant. – Est-ce moi que tu voudrais quitter ?

MÉLISANDE : Oh ! non, non ; ce n'est pas cela... Je voudrais m'en aller avec vous... C'est ici, que je ne peux plus vivre... Je sens que je ne vivrai plus longtemps...

GOLAUD : Mais il faut une raison cependant. On va te croire folle. On va croire à des rêves d'enfant. – Voyons, est-ce Pelléas, peut-être ? – Je crois qu'il ne te parle pas souvent...

MÉLISANDE : Si, si ; il me parle parfois. Il ne m'aime pas, je crois ; je l'ai vu dans ses yeux... Mais il me parle quand il me rencontre...

GOLAUD : Il ne faut pas lui en vouloir. Il a toujours été ainsi. Il est un peu étrange. Et maintenant, il est triste ; il songe à son ami Marcellus, qui est sur le point de mourir et qu'il ne peut pas aller voir... Il changera, il changera, tu verras ; il est jeune...

MÉLISANDE : Mais ce n'est pas cela... ce n'est pas cela...

GOLAUD : Qu'est-ce donc ? – Ne peux-tu pas te faire à la vie qu'on mène ici ? – Il est vrai que ce château est très vieux et très sombre... Il est très froid et très profond. Et tous ceux qui l'habitent sont déjà vieux. Et la campagne semble bien triste aussi, avec toutes ses forêts, toutes ses vieilles forêts sans lumière. Mais on peut égayer tout cela si l'on veut. Et puis, la joie, on n'en a pas tous les jours ; il faut prendre les choses comme elles sont. Mais dis-moi quelque chose ; n'importe quoi ; je ferai tout ce que tu voudras...

MÉLISANDE : Oui, oui ; c'est vrai... on ne voit jamais le ciel clair... Je l'ai vu pour la première fois ce matin...

GOLAUD : C'est donc cela qui te fait pleurer, ma pauvre Mélisande ? – Ce n'est donc que cela ? – Tu pleures de ne pas voir le ciel ? – Voyons, voyons, tu n'es plus à l'âge où l'on peut pleurer pour ces choses... Et puis l'été n'est-il pas là ? Tu vas voir le ciel tous les jours. – Et puis l'année prochaine... Voyons, donne-moi ta main ; donne-moi tes deux petites mains. *(Il lui prend les mains.)* Oh ! ces petites mains que je pourrais écraser comme des fleurs... – Tiens, où est l'anneau que je t'avais donné ?

MÉLISANDE : L'anneau ?

GOLAUD : Oui ; la bague de nos noces, où est-elle ?

MÉLISANDE : Je crois... Je crois qu'elle est tombée...

GOLAUD : Tombée ? – Où est-elle tombée ? – Tu ne l'as pas perdue ?

MÉLISANDE : Non, non ; elle est tombée... elle doit être tombée... mais je sais où elle est ;...

GOLAUD : Où est-elle ?

MÉLISANDE : Vous savez... vous savez bien... la grotte au bord de la mer ?...

GOLAUD : Oui.

MÉLISANDE : Eh bien, c'est là... Il faut que ce soit là... Oui, oui ; je me rappelle... J'y suis allée ce matin, ramasser des coquillages pour le petit Yniold... Il y en a de très beaux... Elle a glissé de mon doigt... puis la mer est entrée ; et j'ai dû sortir avant de l'avoir retrouvée.

GOLAUD : Es-tu sûre que ce soit là ?

MÉLISANDE : Oui, oui ; tout à fait sûre... Je l'ai sentie glisser... puis tout à coup, le bruit des vagues...

GOLAUD : Il faut aller la chercher tout de suite.

MÉLISANDE : Maintenant ? – tout de suite ? – dans l'obscurité ?

GOLAUD : Oui. J'aimerais mieux avoir perdu tout ce que j'ai plutôt que d'avoir perdu cette bague. Tu ne sais pas ce que c'est. Tu ne sais pas d'où elle vient. La mer sera très haute cette nuit. La mer viendra la prendre avant toi... dépêche-toi. Il faut aller la chercher tout de suite...

MÉLISANDE : Je n'ose pas... Je n'ose pas aller seule...

GOLAUD : Vas-y, vas-y avec n'importe qui. Mais il faut y aller tout de suite, entends-tu ? – Hâte-toi ; demande à Pelléas d'y aller avec toi.

MÉLISANDE : Pelléas ? – Avec Pelléas ? – Mais Pelléas ne voudra pas...

GOLAUD : Pelléas fera tout ce que tu lui demandes. Je connais Pelléas mieux que toi. Vas-y, vas-y, hâte-toi. Je ne dormirai pas avant d'avoir la bague.

MÉLISANDE : Je ne suis pas heureuse !...

*Elle sort en pleurant.*

## SCÈNE III

*Devant une grotte.*

*Entrent Pelléas et Mélisande.*

PELLÉAS, *parlant avec une grande agitation* : Oui ; c'est ici, nous y sommes. Il fait si noir que l'entrée de la grotte ne se distingue pas du reste de la nuit... Il n'y a pas d'étoiles de ce côté. Attendons que la lune ait déchiré ce grand nuage ; elle éclairera toute la grotte et alors nous pourrons y entrer sans péril. Il y a des endroits dangereux et le sentier est très étroit, entre deux lacs dont on n'a pas encore trouvé le fond. Je n'ai pas songé à emporter une torche ou une lanterne, mais je pense que la clarté du ciel suffira. – Vous n'avez jamais pénétré dans cette grotte ?

MÉLISANDE : Non...

PELLÉAS : Entrons-y... Il faut pouvoir décrire l'endroit où vous avez perdu la bague, s'il vous interroge... Elle est très grande et très belle. Il y a des stalactites qui ressemblent à des plantes et à des hommes. Elle est pleine de ténèbres bleues. On ne l'a pas encore explorée jusqu'au fond. On y a, paraît-il, caché de grands trésors. Vous y verrez les épaves d'anciens naufrages. Mais il ne faut pas s'y engager sans guide. Il en est qui ne sont jamais revenus. Moi-même je n'ose pas aller trop avant. Nous nous arrêterons au moment où nous n'apercevrons plus la clarté de la mer ou du ciel. Quand on y allume une petite lampe, on dirait que la voûte est couverte d'étoiles, comme le firmament.

Ce sont, dit-on, des fragments de cristal ou de sel qui brillent ainsi dans le rocher. – Voyez, voyez, je crois que le ciel va s'ouvrir... Donnez-moi la main, ne tremblez pas, ne tremblez pas ainsi. Il n'y a pas de danger : nous nous arrêterons du moment que nous n'apercevrons plus la clarté de la mer... Est-ce le bruit de la grotte qui vous effraie ? C'est le bruit de la nuit ou le bruit du silence... Entendez-vous la mer derrière nous ? – Elle ne semble pas heureuse cette nuit... Ah ! voici la clarté !

La lune éclaire largement l'entrée et une partie des ténèbres de la grotte ; et l'on aperçoit, à une certaine profondeur, trois vieux pauvres à cheveux blancs, assis côte à côte, se soutenant l'un l'autre, et endormis contre un quartier de roc.

MÉLISANDE : Ah !

PELLÉAS : Qu'y a-t-il ?

MÉLISANDE : Il y a... Il y a...

*Elle montre les trois pauvres.*

PELLÉAS : Oui, oui ; je les ai vus aussi...

MÉLISANDE : Allons-nous-en !... Allons-nous-en !...

PELLÉAS : Oui... Ce sont trois vieux pauvres qui se sont endormis... Une grande famine désole le pays... Pourquoi sont-ils venus dormir ici ?...

MÉLISANDE : Allons-nous-en !... Venez, venez... Allons-nous-en !...

PELLÉAS : Prenez garde, ne parlez pas si fort... Ne les éveillons pas... Ils dorment encore profondément... Venez.

MÉLISANDE : Laissez-moi, laissez-moi ; je préfère marcher seule...

PELLÉAS : Nous reviendrons un autre jour...

*Ils sortent.*

# SCÈNE IV

*Un appartement dans le château.*

*On découvre Arkël et Pelléas.*

ARKEL : Vous voyez que tout vous retient ici et que tout vous interdit ce voyage inutile. On vous a caché jusqu'à ce jour, l'état de votre père ; mais il est peut-être sans espoir ; cela seul devra suffire à vous arrêter sur le seuil. Mais il y a tant d'autres raisons... Et ce n'est pas à l'heure où nos ennemis se réveillent et où le peuple meurt de faim et murmure autour de nous que vous avez le droit de nous abandonner. Et pourquoi ce voyage ? Marcellus est mort ; et la vie a des devoirs plus graves que la visite d'un tombeau. Vous êtes las, dites-vous, de votre vie inactive ; mais si l'activité et le devoir se trouvent sur les routes, on les reconnaît rarement dans la hâte du voyage. Il vaut mieux les attendre sur le seuil et les faire entrer au moment où ils passent ; et ils passent tous les jours. Vous ne les avez jamais vus ? Je n'y vois presque plus moi-même, mais je vous apprendrai à voir ; et vous les montrerai le jour où vous voudrez leur faire signe. Mais cependant, écoutez-moi : si vous croyez que c'est du fond de votre vie que ce voyage est exigé, je ne vous interdis pas de l'entreprendre, car vous devez savoir, mieux que moi, les événements que vous devez offrir à votre être ou à votre destinée. Je vous demanderais seulement d'attendre que nous sachions ce qui doit arriver avant peu...

PELLÉAS : Combien de temps faudra-t-il attendre ?

ARKEL : Quelques semaines ; peut-être quelques jours...

PELLÉAS : J'attendrai...

# ACTE TROISIÈME

## SCÈNE I

*Un appartement dans le château.*

*On découvre Pelléas et Mélisande. Mélisande file sa quenouille au fond de la chambre.*

PELLÉAS : Yniold ne revient pas ; où est-il allé ?

MÉLISANDE : Il avait entendu quelque bruit dans le corridor ; il est allé voir ce que c'est.

PELLÉAS : Mélisande...

MÉLISANDE : Qu'y a-t-il ?

PELLÉAS : Y voyez-vous encore pour travailler ?...

MÉLISANDE : Je travaille aussi bien dans l'obscurité...

PELLÉAS : Je crois que tout le monde dort déjà dans le château. Golaud ne revient pas de la chasse. Cependant il est tard... Il ne souffre plus de sa chute ?

MÉLISANDE : Il a dit qu'il ne souffrait plus.

PELLÉAS : Il devrait être plus prudent ; il n'a plus le corps souple comme à vingt ans... Je vois les étoiles par la fenêtre et la clarté de la lune sur les arbres. Il est tard ; il ne reviendra plus. *(On frappe à la porte.)* Qui est là ?... Entrez !... *(Le petit Yniold ouvre la porte et entre dans la chambre.)* C'est toi qui frappes ainsi ?... Ce n'est pas ainsi qu'on frappe aux portes. C'est comme si un malheur venait d'arriver ; regarde, tu as effrayé petite-mère.

LE PETIT YNIOLD : Je n'ai frappé qu'un tout petit coup...

PELLÉAS : il est tard ; petit-père ne reviendra plus ce soir ; il est temps de t'aller coucher.

LE PETIT YNIOLD : Je n'irai pas me coucher avant vous.

PELLÉAS : Quoi ?... Qu'est-ce que tu dis là ?

LE PETIT YNIOLD : Je dis... pas avant vous... pas avant vous...

*Il éclate en sanglots et va se réfugier près de Mélisande.*

MÉLISANDE : Qu'y a-t-il, Yniold ? Qu'y a-t-il ?... Pourquoi pleures-tu tout à coup ?

YNIOLD, *sanglotant* : Parce que... Oh ! oh ! parce que...

MÉLISANDE : Pourquoi ?... Pourquoi ?... dis-le moi...

YNIOLD : Petite-mère... petite-mère... vous allez partir...

MÉLISANDE : Mais qu'est-ce qui te prend, Yniold ?... Je n'ai jamais songé à partir.

YNIOLD : Si, si ; petit-père est parti... petit-père ne revient pas, et vous allez partir aussi... Je l'ai vu... je l'ai vu...

MÉLISANDE : Mais il n'a jamais été question de cela, Yniold... À quoi donc as-tu vu que j'allais partir ?

YNIOLD : Je l'ai vu... je l'ai vu... Vous avez dit à mon oncle des choses que je ne pouvais pas entendre...

PELLÉAS : Il a sommeil... il a rêvé... Viens ici, Yniold ; tu dors déjà ?... Viens donc voir à la fenêtre ; les cygnes se battent contre les chiens...

YNIOLD, *à la fenêtre* : Oh ! oh ! Ils les chassent les chiens !... Ils les chassent !... Oh ! oh ! l'eau !... les ailes !... les ailes !... Ils ont peur...

PELLÉAS, *revenant près de Mélisande* : Il a sommeil ; il lutte contre le sommeil et ses yeux se ferment...

MÉLISANDE, *chantant à mi-voix en filant* :

*Saint Daniel et Saint Michel...*
*Saint Michel et Saint Raphaël...*

YNIOLD, *à la fenêtre* : Oh ! oh ! petite-mère !...

MÉLISANDE, *se levant brusquement* : Qu'y a-t-il, Yniold ?... Qu'y a-t-il ?...

YNIOLD : J'ai vu quelque chose à la fenêtre...

*Pelléas et Mélisande courent à la fenêtre.*

PELLÉAS : Mais il n'y a rien. Je ne vois rien...

MÉLISANDE : Moi non plus...

PELLÉAS : Où as-tu vu quelque chose ? De quel côté ?...

YNIOLD : Là-bas, là-bas !... Elle n'y est plus...

PELLÉAS : Il ne sait plus ce qu'il dit. Il aura vu la clarté de la lune sur la forêt. Il y a souvent d'étranges reflets... ou bien quelque chose aura passé sur la route... ou dans son sommeil. Car voyez, voyez, je crois qu'il s'endort tout à fait...

YNIOLD, *à la fenêtre* : Petit-père est là ! petit-père est là !

PELLÉAS, *allant à la fenêtre* : Il a raison ; Golaud entre dans la cour...

YNIOLD : Petit-père !... petit-père !... Je vais à sa rencontre !...

*Il sort en courant. – Un silence.*

PELLÉAS : Ils montent l'escalier...

*Entrent Golaud et le petit Yniold qui porte une lampe.*

GOLAUD : Vous attendez encore dans l'obscurité ?

YNIOLD : J'ai apporté une lumière, petite-mère, une grande lumière !... *(Il élève la lampe et regarde Mélisande.)* Tu as pleuré petite-mère ? Tu as pleuré ?... *(Il élève la lampe vers Pelléas et le regarde à son tour.)* Vous aussi, vous avez pleuré ?... Petit-père, regarde, petit-père ; ils ont pleuré tous les deux...

GOLAUD : Ne leur mets pas ainsi la lumière sous les yeux...

## SCÈNE II

*Une des tours du château. – Un chemin de ronde passe sous une fenêtre de la tour.*

MÉLISANDE, *à la fenêtre, pendant qu'elle peigne ses cheveux dénoués :*

*Les trois sœurs aveugles,*
*(Espérons encore).*
*Les trois sœurs aveugles,*
*Ont leurs lampes d'or.*

*Montent à la tour,*
*(Elles, vous et nous).*
*Montent à la tour,*
*Attendent sept jours.*

*Ah ! dit la première,*
*Espérons encore,*
*Ah ! dit la première,*
*J'entends nos lumières.*

*Ah ! dit la seconde,*
*(Elles, vous et nous).*
*Ah ! dit la seconde,*
*C'est le roi qui monte.*

*Non, dit la plus sainte,*
*(Espérons encore).*
*Non, dit la plus sainte,*

*Elles se sont éteintes...*

*Entre Pelléas par le chemin de ronde.*

PELLÉAS : Holà ! Holà ! ho !

MÉLISANDE : Qui est là ?

PELLÉAS : Moi, moi et moi !... Que fais-tu à la fenêtre en chantant comme un oiseau qui n'est pas d'ici ?

MÉLISANDE : J'arrange mes cheveux pour la nuit...

PELLÉAS : C'est là que je vois sur le mur ?... Je croyais que c'était un rayon de lumière...

MÉLISANDE : J'ai ouvert la fenêtre ; la nuit me semblait belle...

PELLÉAS : Il y a d'innombrables étoiles ; je n'en ai jamais autant vu que ce soir ;... Mais la lune est encore sur la mer... Ne reste pas dans l'ombre, Mélisande, penche-toi un peu, que je voie tes cheveux dénoués.

*Mélisande se penche à la fenêtre.*

PELLÉAS : Oh ! Mélisande !... oh ! tu es belle !... tu es belle ainsi !... penche-toi ! penche-toi !... laisse-moi venir plus près de toi...

MÉLISANDE : Je ne puis pas venir plus près... je me penche tant que je peux...

PELLÉAS : Je ne puis monter plus haut... donne-moi du moins ta main ce soir... avant que je m'en aille... Je pars demain...

MÉLISANDE : Non, non, non...

PELLÉAS : Si, si ; je pars, je partirai demain... donne-moi ta main, ta petite main sur les lèvres...

MÉLISANDE : Je ne te donne pas ma main si tu pars...

PELLÉAS : Donne, donne...

MÉLISANDE : Tu ne partiras pas ?... Je vois une rose dans les ténèbres...

PELLÉAS : Où donc ?... Je ne vois que les branches du saule qui dépassent le mur...

MÉLISANDE : Plus bas, plus bas, dans le jardin ; là-bas, dans le vert sombre.

PELLÉAS : Ce n'est pas une rose... J'irai voir tout à l'heure, mais donne-moi ta main d'abord ; d'abord ta main...

MÉLISANDE : Voilà, voilà ;... je ne puis me pencher davantage...

PELLÉAS : Mes lèvres ne peuvent pas atteindre ta main...

MÉLISANDE : Je ne puis pas me pencher davantage... Je suis sur le point de tomber... – Oh ! oh ! mes cheveux descendent de la tour !...

*Sa chevelure se révulse tout à coup, tandis qu'elle se penche ainsi et inonde Pelléas.*

PELLÉAS : Oh ! oh ! Qu'est-ce que c'est ?... Tes cheveux, tes cheveux descendent vers moi !... Toute ta chevelure, Mélisande, toute ta chevelure est tombée de la tour !... Je la tiens dans les mains, je la touche des lèvres... Je la tiens dans les bras, je la mets autour de mon cou... Je n'ouvrirai plus les mains cette nuit...

MÉLISANDE : Laisse-moi ! laisse-moi !... Tu vas me faire tomber !...

PELLÉAS : Non, non, non ;... Je n'ai jamais vu de cheveux comme les tiens, Mélisande !... Vois, vois ; ils viennent de si haut et m'inondent jusqu'au cœur... Ils sont tièdes et doux comme s'ils tombaient du ciel !... Je ne vois plus le ciel à travers tes cheveux et leur belle lumière me cache sa lumière !... Regarde, regarde donc, mes mains ne peuvent plus les contenir... Ils me fuient, ils me fuient jusqu'au branches du saule... Ils s'échappent de toutes parts... Ils tressaillent, ils s'agitent, ils palpitent dans mes mains comme des oiseaux d'or ; et ils m'aiment, ils m'aiment mille fois mieux que toi !...

MÉLISANDE : Laisse-moi, laisse-moi... quelqu'un pourrait venir...

PELLÉAS : Non, non, non ; je ne te délivre pas cette nuit... Tu es ma prisonnière cette nuit ; toute la nuit, toute la nuit...

MÉLISANDE : Pelléas ! Pelléas !...

PELLÉAS : Tu ne t'en iras plus... Je t'embrasse tout entière en baisant tes cheveux, et je ne souffre plus au milieu de leurs flammes... Entends-tu mes baisers ?... Ils s'élèvent le long des mille mailles d'or... Il faut que chacune d'elles t'en apporte un millier ; et en retienne autant pour t'embrasser encore quand je n'y serai plus... Tu vois, tu vois, je puis ouvrir les mains... Tu vois, j'ai les mains libres et tu ne peux m'abandonner...

*Des colombes sortent de la tour et volent autour d'eux dans la nuit.*

MÉLISANDE : Qu'y a-t-il, Pelléas ? – Qu'est-ce qui vole autour de moi ?

PELLÉAS : Ce sont les colombes qui sortent de la tour... Je les ai effrayées ; elles s'envolent...

MÉLISANDE : Ce sont mes colombes, Pelléas. – Allons-nous-en, laisse moi ; elles ne reviendraient plus...

PELLÉAS : Pourquoi ne reviendraient –elles plus ?

MÉLISANDE : Elles se perdront dans l'obscurité... Laisse-moi relever la tête... J'entends un bruit de pas... Laisse-moi ! – C'est Golaud !... Je crois que c'est Golaud !... Il nous a entendus...

PELLÉAS : Attends ! Attends !... Tes cheveux sont mêlés aux branches... Attends, attends !... Il fait noir...

*Entre Golaud par le chemin de ronde.*

GOLAUD : Que faites-vous ici ?

PELLÉAS : Ce que je fais ici ?... Je...

GOLAUD : Vous êtes des enfants... Mélisande, ne te penche pas ainsi à la fenêtre, tu vas tomber... Vous ne savez pas qu'il est tard ? – Il est près de minuit. – Ne jouez pas ainsi dans l'obscurité. – Vous êtes des enfants... *(Riant nerveusement.)* Quels enfants !... Quels enfants !...

*Il sort avec Pelléas.*

## SCÈNE III

*Les souterrains du château.*

*Entrent Golaud et Pelléas.*

GOLAUD : Prenez garde : par ici, par ici. – Vous n'avez jamais pénétré dans ces souterrains ?

PELLÉAS : Si, une fois, dans le temps ; mais il y a longtemps...

GOLAUD : Ils sont prodigieusement grands ; c'est une suite de grottes énormes qui aboutissent, Dieu sait où. Tout le château est bâti sur ces grottes. Sentez-vous l'odeur mortelle qui règne ici ? – C'est ce que je voulais vous faire remarquer. Selon moi, elle provient du petit lac souterrain que je vais vous faire voir. Prenez garde ; marchez devant moi, dans la clarté de ma lanterne. Je vous avertirai lorsque nous y serons. *(Ils continuent à marcher en silence.)* Hé ! Hé ! Pelléas ! arrêtez ! arrêtez ! – *(Il le saisit par le bras.)* Pour Dieu !... Mais ne voyez-vous pas ? – Un pas de plus et vous étiez dans le gouffre !...

PELLÉAS : Mais je n'y voyais pas !... La lanterne ne m'éclairait plus...

GOLAUD : J'ai fait un faux pas... mais si je ne vous avais pas retenu le bras... Eh bien, voici l'eau stagnante dont je vous parlais... Sentez-vous l'odeur de mort qui monte ? – Allons jusqu'au bout de ce rocher qui surplombe et penchez-vous un peu. Elle viendra vous frapper au visage.

PELLÉAS : Je la sens déjà... On dirait une odeur de tombeau.

GOLAUD : Plus loin, plus loin... C'est elle qui, certains jours, empoisonne le château. Le roi ne veut pas croire qu'elle vient d'ici. – il faudrait faire murer la grotte où se trouve cette eau morte. Il serait temps d'ailleurs d'examiner ces souterrains. Avez-vous remarqué ces lézardes dans les murs et les piliers de voûtes ? – Il y a ici un travail caché qu'on ne soupçonne pas ; et tout le château s'engloutira une de ces nuits, si l'on n'y prend pas garde. Mais que voulez-vous ? personne n'aime à descendre jusqu'ici... Il y a d'étranges lézardes dans bien des murs... Oh ! voici... sentez-vous l'odeur de mort qui s'élève ?

PELLÉAS : Oui, il y a une odeur de mort qui monte autour de nous...

GOLAUD : Penchez-vous ; n'ayez pas peur... Je vous tiendrai... donnez-moi... non, non, pas la main... elle pourrait glisser... le bras, le bras... Voyez-vous le gouffre ? *(Troublé.)* – Pelléas ? Pelléas ?...

PELLÉAS : Oui ; je crois que je vois le fond du gouffre... Est-ce la lumière qui tremble ainsi ?... Vous...

*Il se redresse, se retourne et regarde Golaud.*

GOLAUD, *d'une voix tremblante* : Oui ; c'est la lanterne... Voyez, je l'agitais pour éclairer les parois...

PELLÉAS : J'étouffe ici... sortons...

GOLAUD : Oui, sortons...

## SCÈNE IV

*Une terrasse au sortir des souterrains.*

*Entrent Golaud et Pelléas.*

PELLÉAS : Ah ! Je respire enfin !... J'ai cru, un instant, que j'allais me trouver mal dans ces énormes grottes ; et je fus sur le point de tomber... Il y a là un air humide et lourd comme une rosée de plomb, et des ténèbres épaisses comme une pâte empoisonnée... Et maintenant, tout l'air de toute la mer !... Il y a un vent frais, voyez, frais comme une feuille qui vient de s'ouvrir, sur les petites lames vertes... Tiens ! on vient d'arroser les fleurs au pied de la terrasse, et l'odeur de la verdure et des roses mouillées s'élève jusqu'à nous... Il doit être près de midi, elles sont déjà l'ombre de la tour... Il est midi ; j'entends sonner les cloches et les enfants descendent sur la plage pour se baigner... Je ne savais pas que nous fussions restés si longtemps dans les caves...

GOLAUD : Nous y sommes descendus vers onze heures...

PELLÉAS : Plus tôt ; il devait être plus tôt ; j'ai entendu sonner la demie de dix heures.

GOLAUD : Dix heures et demie ou onze heures moins le quart...

PELLÉAS : On a ouvert toutes les fenêtres du château. Il fera extraordinairement chaud cet après-midi... Tiens, voilà notre mère et Mélisande à une fenêtre de la tour...

GOLAUD : Oui ; elles se sont réfugiées du côté de l'ombre. – À propos de Mélisande, j'ai entendu ce qui s'est passé et ce qui s'est dit hier au soir. Je le sais bien, ce sont là des jeux d'enfants ; mais il ne faut pas qu'ils se renouvellent. Mélisande est très jeune et très impressionnable, et il faut qu'on la ménage d'autant plus qu'elle est peut-être enceinte en ce moment... Elle est très délicate, à peine femme ; et la moindre émotion pourrait amener un malheur. Ce n'est pas la première fois que je remarque qu'il pourrait y avoir quelque chose entre vous... vous êtes plus âgé qu'elle ; il suffira de vous l'avoir dit... Évitez-la autant que possible, mais sans affectation d'ailleurs ; sans affectation... – Qu'est-ce que je vois là sur la route du côté de la forêt ?...

PELLÉAS : Ce sont des troupeaux qu'on mène vers la ville...

GOLAUD : Ils pleurent comme des enfants perdus ; on dirait qu'ils sentent déjà le boucher. – Quelle belle journée ! Quelle admirable journée pour la moisson !...

*Ils sortent.*

## SCÈNE V

*Devant le château.*

*Entrent Golaud et le petit Yniold.*

GOLAUD : Viens, asseyons-nous ici, Yniold ; viens sur mes genoux : nous verrons d'ici ce qui se passe dans la forêt. Je ne te vois plus du tout depuis quelque temps. Tu m'abandonnes aussi ; tu es toujours chez petite-mère... Tiens, nous sommes tout juste assis sous les fenêtres de petite-mère. – Elle fait peut-être sa prière du soir en ce moment... Mais dis-moi, Yniold, elle est souvent avec ton oncle Pelléas, n'est-ce pas ?

YNIOLD : Oui, oui ; toujours, petit-père ; quand vous n'êtes pas là, petit-père...

GOLAUD : Ah ! – Quelqu'un passe avec une lanterne dans le jardin. – Mais on m'a dit qu'ils ne s'aimaient pas... Il paraît qu'ils se querellent souvent... non ? Est-ce vrai ?

YNIOLD : Oui, c'est vrai.

GOLAUD : Oui ? – Ah ! ah ! – Mais à propos de quoi se querellent-ils ?

YNIOLD : À propos de la porte.

GOLAUD : Comment ? à propos de la porte ? – Qu'est-ce que tu racontes là ? – Mais voyons, explique-toi ; pourquoi se querellent-ils à propos de la porte ?

YNIOLD : Parce qu'on ne veut pas qu'elle soit ouverte.

GOLAUD : Qui ne veut pas qu'elle soit ouverte ? – Voyons, pourquoi se querellent-ils ?

YNIOLD : Je ne sais pas, petit-père, à propos de la lumière.

GOLAUD : Je ne te parle pas de la lumière : nous en parlerons tout à l'heure. Je te parle de la porte. Réponds à ce que je te demande ; tu dois apprendre à parler ; il est temps... Ne mets pas ainsi la main dans la bouche... voyons...

YNIOLD : Petit-père ! petit-père !... Je ne le ferai plus...

*Il pleure.*

GOLAUD : Voyons ; pourquoi pleures-tu ? Qu'est-il arrivé ?

YNIOLD : Oh ! oh ! petit-père, vous m'avez fait mal...

GOLAUD : Je t'ai fait mal ? – Où t'ai-je fait mal ? C'est sans le vouloir...

YNIOLD : Ici, à mon petit bras...

GOLAUD : C'est sans le vouloir ; voyons, ne pleure plus, je te donnerai quelque chose demain...

YNIOLD : Quoi, petit-père ?

GOLAUD : Un carquois et des flèches ; mais dis-moi ce que tu sais au sujet de la porte.

YNIOLD : De grandes flèches ?

GOLAUD : Oui, oui ; de très grandes flèches. – Mais pourquoi ne veulent-ils pas que la porte soit ouverte ? – Voyons, réponds-moi à la fin ! – non, non ; n'ouvre pas la bouche pour pleurer. Je ne suis pas fâché. Nous allons causer tranquillement comme Pelléas et petite-mère quand ils sont ensemble. De quoi parlent-ils quand ils sont ensemble ?

YNIOLD : Pelléas et petite-mère ?

GOLAUD : Oui ; de quoi parlent-ils ?

YNIOLD : De moi ; toujours de moi.

GOLAUD : Et que disent-ils de toi ?

YNIOLD : Ils disent que je serai très grand.

GOLAUD : Ah ! misère de ma vie !... je suis ici comme un aveugle qui cherche son trésor au fond de l'océan !... Je suis ici comme un nouveau-né perdu dans la forêt et vous... Mais voyons, Yniold, j'étais distrait ; nous allons causer sérieusement. Pelléas et petite-mère ne parlent-ils jamais de moi quand je ne suis pas là ?...

YNIOLD : Si, si, petit-père ; ils parlent toujours de vous.

GOLAUD : Ah !... Et que disent-ils de moi ?

YNIOLD : Ils disent que je deviendrai aussi grand que vous.

GOLAUD : Tu es toujours près d'eux ?

YNIOLD : Oui ; oui ; toujours, toujours, petit-père.

GOLAUD : Ils ne te disent jamais d'aller jouer ailleurs ?

YNIOLD : Non, petit-père ; ils ont peur quand je ne suis pas là.

GOLAUD : Ils ont peur ?... À quoi vois-tu qu'ils ont peur ?

YNIOLD : Petite-mère qui dit toujours, ne t'en va pas, ne t'en va pas... Ils sont malheureux, mais ils rient...

GOLAUD : Mais cela ne prouve pas qu'ils aient peur.

YNIOLD : Si, si, petit-père ; elle a peur...

GOLAUD : Pourquoi dis-tu qu'elle a peur...

YNIOLD : Ils pleurent toujours dans l'obscurité.

GOLAUD : Ah ! ah !...

YNIOLD : Cela fait pleurer aussi...

GOLAUD : Oui, oui...

YNIOLD : Elle est pâle, petit-père.

GOLAUD : Ah ! ah !... patience, mon Dieu, patience...

YNIOLD : Quoi, petit-père ?

GOLAUD : Rien, rien, mon enfant. – J'ai vu passer un loup dans la forêt. – Alors ils s'entendent bien ? – Je suis heureux d'apprendre qu'ils sont d'accord. – Ils s'embrassent quelquefois ? – Non ?

YNIOLD : Ils s'embrassent, petit-père ? – Non, non. – Ah ! si, petit-père, si, si ; une fois... une fois qu'il pleuvait...

GOLAUD : Ils se sont embrassés ? – Mais comment, comment se sont-ils embrassés ?

YNIOLD : Comme ça, petit-père, comme ça !... *(Il lui donne un baiser sur la bouche ; riant.)* Ah ! ah ! votre barbe, petit-père !... Elle pique ! Elle devient toute grise, petit-père, et vos cheveux aussi ; tout gris, tout gris... *(La fenêtre sous laquelle ils sont assis, s'éclaire en ce moment, et sa clarté vient tomber sur eux.)* Ah ! ah ! petite-mère a allumé sa lampe. Il fait clair, petit-père ; il fait clair.

GOLAUD : Oui ; il commence à faire clair...

YNIOLD : Allons-y aussi, petit-père...

GOLAUD : Où veux-tu aller ?

YNIOLD : Où il fait clair, petit-père.

GOLAUD : Non, non, mon enfant : restons encore dans l'ombre... on ne sait pas, on ne sait pas encore... Vois-tu là-bas ces pauvres qui essaient d'allumer un petit feu dans la forêt ? – Il a plu. Et de l'autre côté, vois-tu le vieux jardinier qui essaie de soulever cet arbre que le vent a jeté en travers du chemin ? – Il ne peut pas ; l'arbre est trop grand ; l'arbre est trop lourd, et il restera du côté où il est tombé. Il n'y a rien à faire à tout cela... Je crois que Pelléas est fou...

YNIOLD : Non, petit-père, il n'est pas fou, mais il est très bon.

GOLAUD : Veux-tu voir petite-mère ?

YNIOLD : Oui, oui ; je veux la voir !

GOLAUD : Ne fais pas de bruit ; je vais te hisser jusqu'à la fenêtre. Elle est trop haute pour moi, bien que je sois si grand... *(Il soulève l'enfant.)* Ne fais pas le moindre bruit ; petite-mère aurait terriblement peur... La vois-tu ? – Est-elle dans la chambre ?

YNIOLD : Oui... Oh ! il fait clair !

GOLAUD : Elle est seule ?

YNIOLD : Oui... non, non ; mon oncle Pelléas y est aussi.

GOLAUD : il !...

YNIOLD : Ah ! ah ! petit-père ! Vous m'avez fait mal !...

GOLAUD : Ce n'est rien ; tais-toi ; je ne le ferai plus ; regarde, regarde, Yniold !... J'ai trébuché ; parle plus bas. Que font-ils ?

YNIOLD : Ils ne font rien, petit-père ; ils attendent quelque chose.

GOLAUD : Sont-ils près l'un de l'autre ?

YNIOLD : Non, petit-père.

GOLAUD : Et... Et le lit ? sont-ils près du lit ?

YNIOLD : Le lit, petit-père ? – Je ne vois pas le lit.

GOLAUD : Plus bas, plus bas ; ils t'entendraient. Est-ce qu'ils parlent ?

YNIOLD : Non, petit-père ; ils ne parlent pas.

GOLAUD : Mais que font-ils ? – Il faut qu'ils fassent quelque chose...

YNIOLD : Ils regardent la lumière.

GOLAUD : Tous les deux ?

YNIOLD : Oui, petit-père.

GOLAUD : ils ne disent rien ?

YNIOLD : Non, petit-père ; ils ne ferment pas les yeux.

GOLAUD : Ils ne s'approchent pas l'un de l'autre ?

YNIOLD : Non, petit-père ; ils ne bougent pas.

GOLAUD : Ils sont assis ?

YNIOLD : Non, petit-père ; ils sont debout contre le mur.

GOLAUD : Ils ne font pas de gestes ? – Ils ne se regardent pas ? – Ils ne font pas de signes ?...

YNIOLD : Non, petit-père. – Oh ! oh ! petit-père, ils ne ferment jamais les yeux... J'ai terriblement peur...

GOLAUD : Tais-toi. Ils ne bougent pas encore ?

YNIOLD : Non, petit-père – j'ai peur, petit-père, laissez-moi descendre !

GOLAUD : De quoi donc as-tu peur ? – Regarde ! regarde !...

YNIOLD : Je n'ose plus regarder, petit-père !... Laissez-moi descendre !...

GOLAUD : Regarde ! regarde !

YNIOLD : Oh ! oh ! je vais crier, petit-père ! – Laissez-moi descendre ! laissez-moi descendre !...

GOLAUD : Viens ; nous allons voir ce qui est arrivé.

*Ils sortent.*

# ACTE QUATRIÈME

## SCÈNE I

*Un corridor dans le château.*

*Entrent et se rencontrent Pelléas et Mélisande.*

PELLÉAS : Où vas-tu ? Il faut que je te parle ce soir. Te verrai-je ?

MÉLISANDE : Oui.

PELLÉAS : Je sors de la chambre de mon père. Il va mieux. Le médecin nous a dit qu'il était sauvé... Ce matin cependant j'avais le pressentiment que cette journée finirait mal. J'ai depuis quelque temps un bruit de malheur dans les oreilles... Puis, il y eut tout à coup un grand revirement ; aujourd'hui, ce n'est plus qu'une question de temps. On a ouvert toutes les fenêtres de sa chambre. Il parle ; il semble heureux. Il ne parle pas encore comme un homme ordinaire, mais déjà ses idées ne viennent pas toutes d'un autre monde... Il m'a reconnu. Il m'a pris la main, et il m'a dit de cet air étrange qu'il a depuis qu'il est malade : « Est-ce toi, Pelléas ? Tiens, tiens, je ne l'avais jamais remarqué, mais tu as le visage grave et amical de ceux qui ne vivront pas longtemps... Il faut voyager ; il faut voyager... » C'est étrange ; je vais lui obéir... Ma mère l'écoutait et pleurait de joie. – Tu ne t'en es pas aperçue ? – Toute la maison semble déjà revivre, on entend respirer, on entend parler, on entend marcher... Écoute ; j'entends parler derrière cette porte. Vite, vite, réponds vite, où te verrai-je ?

MÉLISANDE : Où veux-tu ?

PELLÉAS : Dans le parc ; près de la fontaine des aveugles ? – Veux-tu ? – Viendras-tu ?

MÉLISANDE : Oui.

PELLÉAS : Ce sera le dernier soir ; – je vais voyager comme mon père l'a dit. Tu ne me verras plus…

MÉLISANDE : Ne dis pas cela, Pelléas… Je te verrai toujours ; je te regarderai toujours…

PELLÉAS : Tu auras beau regarder… je serai si loin que tu ne pourras plus me voir… Je vais tâcher d'aller très loin… Je suis plein de joie et l'on dirait que j'ai tout le poids du ciel et de la terre sur le corps.

MÉLISANDE : Qu'est-il arrivé, Pelléas ? – Je ne comprends plus ce que tu dis…

PELLÉAS : Va-t'en, va-t'en, séparons-nous. J'entends parler derrière cette porte… Ce sont les étrangers qui sont arrivés au château ce matin… Ils vont sortir… Allons-nous-en ; ce sont les étrangers…

*Ils sortent séparément.*

## SCÈNE II

*Un appartement dans le château.*

*On découvre Arkël et Mélisande.*

ARKEL : Maintenant que le père de Pelléas est sauvé, et que la maladie, la vieille servante de la mort, a quitté le château, un peu de joie et un peu de soleil vont enfin rentrer dans la maison... Il était temps ! – Car depuis ta venue, on n'a vécu ici qu'en chuchotant autour d'une chambre fermée... Et vraiment, j'avais pitié de toi, Mélisande... Tu arrivas ici, toute joyeuse, comme un enfant à la recherche d'une fête, et au moment où tu entrais dans le vestibule, je t'ai vue changer de visage, et probablement d'âme, comme on change de visage, malgré soi, lorsqu'on entre à midi, dans une grotte trop sombre et trop froide... Et depuis, à cause de tout cela, souvent, je ne te comprenais plus... Je t'observais, tu étais là, insouciante peut-être, mais avec l'air étrange et égaré de quelqu'un qui attendrait toujours un grand malheur, au soleil, dans un beau jardin... Je ne puis pas expliquer... Mais j'étais triste de te voir ainsi ; car tu es trop jeune et trop belle pour vivre déjà, jour et nuit, sous l'haleine de la mort... Mais à présent tout cela va changer. À mon âge, – et c'est peut-être là le fruit le plus sûr de la vie, – à mon âge, j'ai acquis je ne sais quelle foi à la fidélité des événements, et j'ai toujours vu que tout être jeune et beau, créait autour de lui des événements jeunes, beaux et heureux... Et c'est toi, maintenant, qui vas ouvrir la porte à l'ère nouvelle que j'entrevois... Viens ici ; pourquoi restes-tu là sans répondre et sans lever les yeux ? – Je ne t'ai embrassée qu'une seule fois jusqu'ici, le jour de ta venue ;

et cependant, les vieillards ont besoin de toucher quelquefois de leurs lèvres, le front d'une femme ou la joue d'un enfant, pour croire encore à la fraîcheur de la vie et éloigner un moment les menaces de la mort. As-tu peur de mes vieilles lèvres ? Comme j'avais pitié de toi ces mois-ci !...

MÉLISANDE : Grand-père, je n'étais pas malheureuse...

ARKEL : Peut-être étais-tu de celles qui sont malheureuses sans le savoir... Laisse-moi te regarder ainsi, de tout près, un moment... on a un tel besoin de beauté aux côtés de la mort...

*Entre Golaud.*

GOLAUD : Pelléas part ce soir.

ARKEL : Tu as du sang sur le front. – Qu'as-tu fait ?

GOLAUD : Rien, rien... j'ai passé au travers d'une haie d'épines.

MÉLISANDE : Baissez un peu la tête, seigneur... Je vais essuyer votre front...

GOLAUD, *la repoussant* : Je ne veux pas que tu me touches, entends-tu ? Va-t'en, va-t'en ! – Je ne te parle pas. – Où est mon épée ? – Je venais chercher mon épée...

MÉLISANDE : Ici, sur le prie-Dieu.

GOLAUD : Apporte-la. – *(À Arkël.)* On vient encore de trouver un paysan mort de faim, le long de la mer. On dirait qu'ils tiennent tous à mourir sous nos yeux. – *(À Mélisande.)* Eh bien, mon épée ? – Pourquoi tremblez-vous ainsi ? – Je ne vais pas vous tuer. Je voulais simplement examiner la lame. Je n'emploie pas l'épée à ces usages. Pourquoi m'examinez-vous comme un pauvre ? – Je ne viens pas vous demander l'aumône. Vous espérez voir quelque chose dans mes yeux, sans que je voie quelque chose dans les vôtres ? – Croyez-vous que je sache quelque chose ? – *(À Arkël.)* Voyez-vous ces grands yeux ? – On dirait qu'ils sont fiers d'être purs... Voudriez-vous me dire ce que vous y voyez ?...

ARKEL : Je n'y vois qu'une grande innocence...

GOLAUD : Une grande innocence !... Ils sont plus grands que l'innocence !... Ils sont plus purs que les yeux d'un agneau... Ils donneraient à Dieu des leçons d'innocence ! Une grande innocence ! Écoutez : j'en suis si près que je sens la fraîcheur de leurs cils quand ils clignent ; et cependant, je suis moins loin des grands secrets de l'autre monde que du plus petit secret de ces yeux !... Une grande innocence !... Plus que de l'innocence. On dirait que les anges du ciel s'y baignent tous le jour dans l'eau claire des montagnes !... Je les connais ces yeux ! Je les ai vus à l'œuvre ! Fermez-les ! fermez-les ! ou je vais les fermer pour longtemps !... – Ne mettez pas ainsi la main droite à la gorge ; je dis une chose très simple... Je n'ai pas d'arrière-pensée... Si j'avais une arrière-pensée, pourquoi ne le dirais-je pas ? Ah ! ah ! – ne tâchez pas de fuir ! – Ici ! – Donnez-moi cette main ! – Ah ! vos mains sont trop chaudes... Allez-vous-en ! Votre chair me dégoûte !... Ici ! – Il ne s'agit plus de fuir à présent ! – *(Il la saisit par les cheveux.)* – Vous allez me suivre à genoux ! – À genoux ! – À genoux devant moi ! – Ah ! ah ! vos longs cheveux servent enfin à quelque chose !... À droite et plus à gauche ! – À gauche et puis à droite ! – Absalon ! Absalon ! – En avant ! en arrière ! Jusqu'à terre ! jusqu'à terre !... Vous voyez, vous voyez ; je ris déjà comme un vieillard...

ARKEL, *accourant* : Golaud !...

GOLAUD, *affectant un calme soudain* : Vous ferez comme il vous plaira, voyez-vous. – Je n'attache aucune importance à cela. – Je suis trop vieux ; et puis, je ne suis pas un espion. J'attendrai le hasard ; et alors... Oh ! alors !... simplement parce que c'est l'usage ; simplement parce que c'est l'usage...

*Il sort.*

ARKEL : Qu'a-t-il donc ? – Il est ivre ?

MÉLISANDE, *en larmes* : Non, non ; mais il ne m'aime plus... Je ne suis pas heureuse !... Je ne suis pas heureuse !...

ARKEL : Si j'étais Dieu, j'aurais pitié du cœur des hommes...

## SCÈNE III

*Une terrasse du château.*

*On découvre le petit Yniold qui cherche à soulever un quartier de roc.*

LE PETIT YNIOLD : Oh ! cette pierre est lourde !... Elle est plus lourde que moi... Elle est plus lourde que tout... Je vois ma balle d'or entre le roc et cette méchante pierre, et ne puis l'atteindre... Mon petit bras n'est pas assez long... et cette pierre ne peut pas être soulevée... Je ne puis pas la soulever... et personne ne pourra la soulever... Elle est plus lourde que toute la maison... on dirait qu'elle a des racines dans la terre... *(On entend au loin les bêlements d'un troupeau.)* – Oh ! oh ! j'entends pleurer les moutons... *(Il va voir au bord de la terrasse.)* Tiens ! il n'y a plus de soleil... Ils arrivent, les petits moutons ; ils arrivent... Il y en a !... Il y en a !... Ils ont peur du noir... Ils se pressent !... Ils ne peuvent presque plus marcher... Ils pleurent ! ils pleurent ! et ils vont vite !... Ils sont déjà au grand carrefour. Ah ! ah ! Ils ne savent plus par où ils doivent aller... Ils ne pleurent plus... Ils attendent... Il y en a qui voudraient prendre à droite... Ils ne peuvent pas !... Le berger leur jette de la terre... Ah ! ah ! Ils vont passer par ici... Ils obéissent ! Ils obéissent ! Ils vont passer sous la terrasse... Ils vont passer sous les rochers... Je vais les voir de près... Oh ! oh ! comme il y en a !... Il y en a !... Toute la route en est pleine... Maintenant ils se taisent tous... Berger ! Berger ! pourquoi ne parlent-ils plus ?

LE BERGER, *qu'on ne voit pas* : Parce que ce n'est pas le chemin de l'étable...

YNIOLD : Où vont-ils ? – Berger ! berger ! – où vont-ils ? – Il ne m'entend plus. Ils sont déjà trop loin... Ils vont vite... Ils ne font plus de bruit... Ce n'est plus le chemin de l'étable... Où vont-ils dormir cette nuit ? – Oh ! oh ! – Il fait trop noir... Je vais dire quelque chose à quelqu'un...

*Il sort.*

## SCÈNE IV

*Une fontaine dans le parc.*

*Entre Pelléas.*

PELLÉAS : C'est le dernier soir… le dernier soir… Il faut que tout finisse… J'ai joué comme un enfant autour d'une chose que je ne soupçonnais pas… J'ai joué en rêve autour des pièges de la destinée… Qui est-ce qui m'a réveillé tout à coup ? Je vais fuir en criant de joie et de douleur comme un aveugle qui fuirait l'incendie de sa maison… Je vais lui dire que je vais fuir… Mon père est hors de danger ; et je n'ai plus de quoi me mentir à moi-même… Il est tard ; elle ne vient pas… Je ferais mieux de m'en aller sans la revoir… Il faut que je la regarde bien cette fois-ci… Il y a des choses que je ne me rappelle plus… on dirait, par moment, qu'il y a plus de cent ans que je ne l'ai revue… Et je n'ai pas encore regardé son regard… Il ne me reste rien si je m'en vais ainsi. Et tous ces souvenirs… c'est comme si j'emportais un peu d'eau dans un sac de mousseline… Il faut que je la voie une dernière fois, jusqu'au fond du cœur… Il faut que je lui dise tout ce que je n'ai pas dit…

*Entre Mélisande.*

MÉLISANDE : Pelléas !

PELLÉAS : Mélisande ! – Est-ce toi, Mélisande ?

MÉLISANDE : Oui.

PELLÉAS : Viens ici : ne reste pas au bord du clair de lune. – Viens ici. Nous avons tant de choses à nous dire... Viens ici dans l'ombre du tilleul.

MÉLISANDE : Laissez-moi dans la clarté...

PELLÉAS : On pourrait nous voir des fenêtres de la tour. Viens ici ; ici, nous n'avons rien à craindre. – Prends garde ; on pourrait nous voir...

MÉLISANDE : Je veux qu'on me voie...

PELLÉAS : Qu'as-tu donc ? – Tu as pu sortir sans qu'on s'en soit aperçu ?

MÉLISANDE : Oui, votre frère dormait...

PELLÉAS : Il est tard. – Dans une heure on fermera les portes. Il faut prendre garde. Pourquoi es-tu venue si tard ?

MÉLISANDE : Votre frère avait un mauvais rêve. Et puis ma robe s'est accrochée aux clous de la porte. Voyez, elle est déchirée. J'ai perdu tout ce temps et j'ai couru...

PELLÉAS : Ma pauvre Mélisande !... J'aurais presque peur de te toucher... Tu es encore hors d'haleine comme un oiseau pourchassé... C'est pour moi, pour moi que tu fais tout cela ?... J'entends battre ton cœur comme si c'était le mien... Viens ici... plus près, plus près de moi...

MÉLISANDE : Pourquoi riez-vous ?

PELLÉAS : Je ne ris pas ; – ou bien je ris de joie, sans le savoir... Il y aurait plutôt de quoi pleurer...

MÉLISANDE : Nous sommes venus ici il y a bien longtemps... Je me rappelle...

PELLÉAS : Oui... oui... Il y a de longs mois. – Alors, je ne savais pas... Sais-tu pourquoi je t'ai demandé de venir ce soir ?

MÉLISANDE : Non.

PELLÉAS : C'est peut-être la dernière fois que je te vois... Il faut que je m'en aille pour toujours...

MÉLISANDE : Pourquoi dis-tu toujours que tu t'en vas ?...

PELLÉAS : Je dois te dire ce que tu sais déjà ? – Tu ne sais pas ce que je vais te dire ?

MÉLISANDE : Mais non, mais non ; je ne sais rien...

PELLÉAS : Tu ne sais pas pourquoi il faut que je m'éloigne... *(Il l'embrasse brusquement.)* Je t'aime...

MÉLISANDE, *à voix basse* : Je t'aime aussi...

PELLÉAS : Oh ! Qu'as-tu dit, Mélisande !... Je ne l'ai presque pas entendu !... On a brisé la glace avec des fers rougis !... Tu dis cela d'une voix qui vient du bout du monde !... Je ne t'ai presque pas entendue... Tu m'aimes ? – Tu m'aimes aussi ?... Depuis quand m'aimes-tu ?

MÉLISANDE : Depuis toujours... Depuis que je t'ai vu...

PELLÉAS : Oh ! comme tu dis cela !... On dirait que ta voix a passé sur la mer du printemps !... je ne l'ai jamais entendue jusqu'ici... on dirait qu'il a plu sur mon cœur ! Tu dis cela si franchement !... Comme un ange qu'on interroge !... Je ne puis pas le croire, Mélisande !... Pourquoi m'aimerais-tu ? – Mais pourquoi m'aimes-tu ? – Est-ce vrai ce que tu dis ? – Tu ne me trompes pas ? – Tu ne mens pas un peu, pour me faire sourire ?...

MÉLISANDE : Non ; je ne mens jamais ; je ne mens qu'à ton frère...

PELLÉAS : Oh ! comme tu dis cela !... Ta voix ! ta voix... Elle est plus fraîche et plus franche que l'eau !... On dirait de l'eau pure sur mes mains... Donne-moi, donne-moi tes mains... Oh ! tes mains sont petites !... Je ne savais pas que tu étais si belle !... Je n'avais jamais rien vu d'aussi beau, avant toi... J'étais inquiet, je cherchais partout dans la maison... je cherchais partout dans la campagne... Et je ne trouvais pas la beauté... Et maintenant je t'ai trouvée !... Je t'ai trouvée !... Je ne crois pas qu'il y ait sur la terre une femme plus belle !... Où es-tu ? – Je ne t'entends plus respirer...

MÉLISANDE : C'est que je regarde...

PELLÉAS : Pourquoi me regardes-tu si gravement ? – Nous sommes déjà dans l'ombre. – Il fait trop noir sous cet arbre. Viens dans le lumière. Nous ne pouvons pas combien nous sommes heureux. Viens, viens ; il nous reste si peu de temps...

MÉLISANDE : Non, non ; restons ici... Je suis plus près de toi dans l'obscurité...

PELLÉAS : Où sont tes yeux ? – Tu ne vas pas me fuir ? – Tu ne songes pas à moi en ce moment.

MÉLISANDE : Mais si, mais si, je ne songe qu'à toi...

PELLÉAS : Tu regardais ailleurs...

MÉLISANDE : Je te voyais ailleurs...

PELLÉAS : Tu es distraite… Qu'as-tu donc ? – Tu ne me sembles pas heureuse…

MÉLISANDE : Si, si ; je suis heureuse, mais je suis triste…

PELLÉAS : On est triste, souvent, quand on s'aime…

MÉLISANDE : Je pleure toujours lorsque je songe à toi…

PELLÉAS : Moi aussi… moi aussi, Mélisande… Je suis tout près de toi ; je pleure de joie et cependant… *(Il l'embrasse encore.)* – Tu es étrange quand je t'embrasse ainsi… Tu es si belle qu'on dirait que tu vas mourir…

MÉLISANDE : Toi aussi…

PELLÉAS : Voilà, voilà… Nous ne faisons pas ce que nous voulons… Je ne t'aimais pas la première fois que je t'ai vue…

MÉLISANDE : Moi non plus… J'avais peur…

PELLÉAS : Je ne pouvais pas regarder tes yeux… Je voulais m'en aller tout de suite… et puis…

MÉLISANDE : Moi, je ne voulais pas venir… Je ne sais pas encore pourquoi, j'avais peur de venir…

PELLÉAS : Il y a tant de choses qu'on ne saura jamais… Nous attendons toujours ; et puis… Quel est ce bruit ? – On ferme les portes…

MÉLISANDE : Oui, on a fermé les portes…

PELLÉAS : Nous ne pouvons plus rentrer ! – Entends-tu les verrous ! – Écoute ! écoute !... les grandes chaînes !... Il est trop tard, il est trop tard !...

MÉLISANDE : Tant mieux ! tant mieux ! tant mieux !

PELLÉAS : Tu ?... Voilà, voilà !... Ce n'est plus nous qui le voulons !... Tout est perdu, tout est sauvé ! tout est sauvé ce soir ! – Viens ! viens... Mon cœur bat comme un fou jusqu'au fond de ma gorge... *(Il l'enlace.)* Écoute ! écoute ! mon cœur est sur le point de m'étrangler... Viens ! Viens !... Ah ! qu'il fait beau dans les ténèbres !...

MÉLISANDE : Il y a quelqu'un derrière nous !...

PELLÉAS : Je ne vois personne...

MÉLISANDE : J'ai entendu du bruit...

PELLÉAS : Je n'entends que ton cœur dans l'obscurité...

MÉLISANDE : J'ai entendu craquer les feuilles mortes...

PELLÉAS : C'est le vent qui s'est tu tout à coup... Il est tombé pendant que nous nous embrassions...

MÉLISANDE : Comme nos ombres sont grandes ce soir !...

PELLÉAS : Elles s'enlacent jusqu'au fond du jardin... Oh ! qu'elles s'embrassent loin de nous !... Regarde ! Regarde !...

MÉLISANDE, *d'une voix étouffée* : A-a-h ! – Il est derrière un arbre !

PELLÉAS : Qui ?

MÉLISANDE : Golaud !

PELLÉAS : Golaud ? – où donc ? – je ne vois rien...

MÉLISANDE : Là... au bout de nos ombres...

PELLÉAS : Oui, oui ; je l'ai vu... Ne nous retournons pas brusquement...

MÉLISANDE : Il a son épée...

PELLÉAS : Je n'ai pas la mienne...

MÉLISANDE : Il a vu que nous nous embrassions...

PELLÉAS : Il ne sait pas que nous l'avons vu... Ne bouge pas ; ne tourne pas la tête... Il se précipiterait... Il restera là tant qu'il croira que nous ne savons pas... Il nous observe... Il est encore immobile... Va-t'en, va-t'en tout de suite par ici... Je l'attendrai... Je l'arrêterai...

MÉLISANDE : Non, non, non !...

PELLÉAS : Va-t'en ! va-t'en ! Il a tout vu !... Il nous tuera !...

MÉLISANDE : Tant mieux ! tant mieux ! tant mieux !...

PELLÉAS : Il vient ! il vient !... Ta bouche !... Ta bouche !...

MÉLISANDE : Oui !... oui !... oui !...

*Ils s'embrassent éperdument.*

PELLÉAS : Oh ! oh ! Toutes les étoile tombent !...

MÉLISANDE : Sur moi aussi ! sur moi aussi !...

PELLÉAS : Encore ! Encore !... donne ! donne !...

MÉLISANDE : Toute ! toute ! toute !...

*Golaud se précipite sur eux l'épée à la main, et frappe Pelléas, qui tombe au bord de la fontaine. Mélisande fuit épouvantée.*

MÉLISANDE, *fuyant* : Oh ! oh ! Je n'ai pas de courage !... Je n'ai pas de courage !...

*Golaud la poursuit à travers le bois, en silence.*

# ACTE CINQUIÈME

## SCÈNE I

*Une salle basse dans le château.*

*On découvre les servantes assemblées, tandis qu'au dehors des enfants jouent devant un des soupiraux de la salle.*

UNE VIEILLE SERVANTE : Vous verrez, vous verrez, mes filles ; ce sera pour ce soir. – On nous préviendra tout à l'heure...

UNE AUTRE SERVANTE : Ils ne savent plus ce qu'ils font...

TROISIÈME SERVANTE : Attendons ici...

QUATRIÈME SERVANTE : Nous saurons bien quand il faudra monter...

CINQUIÈME SERVANTE : Quand le moment sera venu, nous monterons de nous-mêmes...

SIXIÈME SERVANTE : On n'entend plus aucun bruit dans la maison...

SEPTIÈME SERVANTE : Il faudrait faire taire les enfants qui jouent devant le soupirail.

HUITIÈME SERVANTE : Ils se tairont d'eux-mêmes tout à l'heure.

NEUVIÈME SERVANTE : Le moment n'est pas encore venu...

*Entre une vieille servante.*

LA VIEILLE SERVANTE : Personne ne peut plus entrer dans la chambre. J'ai écouté plus d'une heure... On entendrait marcher les mouches sur les portes... Je n'ai rien entendu...

PREMIÈRE SERVANTE : Est-ce qu'on l'a laissée seule dans la chambre ?

LA VIEILLE SERVANTE : Non, non ; je crois que la chambre est pleine de monde.

PREMIÈRE SERVANTE : On viendra, on viendra, tout à l'heure...

LA VIEILLE SERVANTE : Mon Dieu ! Mon Dieu ! Ce n'est pas le bonheur qui est entré dans la maison... On ne peut pas parler, mais si je pouvais dire ce que je sais...

DEUXIÈME SERVANTE : C'est vous qui les avez trouvés devant la porte ?

LA VIEILLE SERVANTE : Mais oui, mais oui ; c'est moi qui les ai trouvés. Le portier dit que c'est lui qui les a vus le premier ; mais c'est moi qui l'ai réveillé. Il dormait sur le ventre et ne voulait pas se lever. – Et maintenant il vient dire : C'est moi qui les ai vus le premier. Est-ce que c'est juste ? – Voyez-vous, je m'étais brûlée en allumant une lampe pour descendre à la cave ? – Je ne peux plus me rappeler. – Enfin, je me lève à cinq heures ; il ne faisait pas encore très clair ; je me dis, je vais traverser la cour, et puis, je vais ouvrir la porte. Bien ; je descends l'escalier sur la pointe des pieds et j'ouvre la porte comme si c'était une porte ordinaire... Mon Dieu ! Mon Dieu ! Qu'est-ce que je vois ! Devinez un peu ce que je vois !...

PREMIÈRE SERVANTE : Ils étaient devant la porte ?

LA VIEILLE SERVANTE : Ils étaient étendus tous les deux devant la porte !... Tout à fait comme des pauvres qui ont faim... Ils étaient serrés l'un contre l'autre comme des petits enfants qui ont peur... La petite princesse était presque morte, et le grand Golaud avait encore son épée dans le côté... Il y avait du sang sur le seuil...

DEUXIÈME SERVANTE : Il faudrait faire taire les enfants... Ils crient de toutes leurs forces devant le soupirail...

TROISIÈME SERVANTE : On n'entend plus ce qu'on dit...

QUATRIÈME SERVANTE : Il n'y a rien à faire ; j'ai déjà essayé, ils ne veulent pas se taire...

PREMIÈRE SERVANTE : Il paraît qu'il est presque guéri ?

LA VIEILLE SERVANTE : Qui ?

PREMIÈRE SERVANTE : Le grand Golaud.

TROISIÈME SERVANTE : Qui, oui ; on l'a conduit dans la chambre de sa femme. Je les ai rencontrés, tout à l'heure, dans le corridor. On le soutenait comme s'il était ivre. Il ne peut pas encore marcher seul.

LA VIEILLE SERVANTE : Il n'a pas pu se tuer ; il est trop grand. Mais elle n'est presque pas blessée et c'est elle qui va mourir... Comprenez-vous cela ?

PREMIÈRE SERVANTE : Vous avez vu la blessure ?

LA VIEILLE SERVANTE : Comme je vous vois, ma fille. – J'ai tout vu, vous comprenez... Je l'ai vue avant tous les autres... Une toute petite blessure sous son petit sein gauche... Une petite blessure qui ne ferait pas mourir un pigeon. Est-ce que c'est naturel ?

PREMIÈRE SERVANTE : Oui, oui ; il y a quelque chose là-dessous...

DEUXIÈME SERVANTE : Oui, mais elle est accouchée il y a trois jours...

LA VIEILLE SERVANTE : Justement !... Elle a accouché sur son lit de mort ; est-ce que ce n'est pas un grand signe ? – Et quel enfant ! L'avez-vous vu ? – Une toute petite fille qu'un pauvre ne voudrait pas mettre au monde... Une petite figure de cire qui doit vivre dans de la laine d'agneau... oui, oui ; ce n'est pas le bonheur qui est entré dans la maison...

PREMIÈRE SERVANTE : Oui, oui ; c'est la main de Dieu qui a remué...

TROISIÈME SERVANTE : C'est comme le bon seigneur Pelléas... où est-il ? – Personne ne le sait...

LA VIEILLE SERVANTE : Si, si ; tout le monde le sait... Mais personne n'ose en parler... On ne parle pas de ceci... on ne parle pas de cela... on ne parle plus de rien... on ne dit plus la vérité... Mais moi, je sais qu'on l'a trouvé au fond de la fontaine des aveugles... mais personne, personne n'a pu le voir... Voilà, voilà, on ne saura tout cela qu'au dernier jour...

PREMIÈRE SERVANTE : Je n'ose plus dormir ici...

LA VIEILLE SERVANTE : Quand le bonheur est dans la maison, on a beau se taire…

TROISIÈME SERVANTE : Il vous trouve tout de même…

PREMIÈRE SERVANTE : Ils ont peur de nous tout de même…

DEUXIÈME SERVANTE : Ils se taisent tous…

TROISIÈME SERVANTE : Ils baissent les yeux dans les corridors.

QUATRIÈME SERVANTE : Ils ne parlent plus qu'à voix basse.

CINQUIÈME SERVANTE : On dirait qu'ils ont commis le crime tous ensemble…

SIXIÈME SERVANTE : On ne sait pas ce qu'ils ont fait…

SEPTIÈME SERVANTE : Que faut-il faire quand les maîtres ont peur ?…

*Un silence.*

PREMIÈRE SERVANTE : Je n'entends plus crier les enfants.

DEUXIÈME SERVANTE : Ils se sont assis devant le soupirail.

TROISIÈME SERVANTE : Ils sont serrés les uns contre les autres.

LA VIEILLE SERVANTE : Je n'entends plus rien dans la maison...

PREMIÈRE SERVANTE : On n'entend plus même respirer les enfants...

LA VIEILLE SERVANTE : Venez, venez ; il est temps de monter...

*Elles sortent toutes, en silence.*

## SCÈNE II

*Un appartement dans le château.*

*On découvre Arkël, Golaud et le médecin dans un coin de la chambre. Mélisande est étendue sur son lit.*

LE MÉDECIN : Ce n'est pas de cette petite blessure qu'elle se meurt ; un oiseau n'en serait pas mort... ce n'est donc pas vous qui l'avez tuée, mon bon seigneur ; ne vous désolez pas ainsi... Elle ne pouvait pas vivre... Elle est née sans raison... pour mourir ; et elle meurt sans raison... Et puis, il n'est pas dit que nous ne la sauverons pas...

ARKEL : Non, non ; il me semble que nous nous taisons trop, malgré nous, dans sa chambre... Ce n'est pas un bon signe... Regardez comme elle dort... lentement, lentement... On dirait que son âme a froid pour toujours...

GOLAUD : J'ai tué sans raison ! Est-ce que ce n'est pas à faire pleurer les pierres !... Ils s'étaient embrassés comme des petits enfants... Ils s'étaient simplement embrassés. Ils étaient frère et sœur... Et moi, moi tout de suite !... je l'ai fait malgré moi...

LE MÉDECIN : Attention ; je crois qu'elle s'éveille...

MÉLISANDE : Ouvrez la fenêtre... ouvrez la fenêtre...

ARKEL : Veux-tu que j'ouvre celle-ci, Mélisande ?

MÉLISANDE : Non, non ; la grande fenêtre... c'est pour voir...

ARKEL : Est-ce que l'air de la mer n'est pas trop froid ce soir ?

LE MÉDECIN : Faites, faites...

MÉLISANDE : Merci... Est-ce le soleil qui se couche ?

ARKEL : Oui ; c'est le soleil qui se couche sur la mer ; il est tard. – Comment te trouves-tu, Mélisande ?

MÉLISANDE : Bien, bien. – Pourquoi demandez-vous cela ? Je n'ai jamais été mieux portante. – Il me semble cependant que je sais quelque chose...

ARKEL : Que dis-tu ? – Je ne te comprends pas...

MÉLISANDE : Je ne comprends pas non plus tout ce que je dis, voyez-vous... Je ne sais pas ce que je dis... Je ne sais pas ce que je sais... Je ne dis plus ce que je veux...

ARKEL : Mais si, mais si... Je suis tout heureux de t'entendre parler ainsi ; tu as eu un peu de délires ces jours-ci, et l'on ne te comprenait plus... Mais maintenant tout cela est bien loin...

MÉLISANDE : Je ne sais pas... – Êtes-vous tout seul dans la chambre, grand-père ?

ARKEL : Non ; il y a encore le médecin qui t'a guérie...

MÉLISANDE : Ah...

ARKEL : Et puis il y a encore quelqu'un...

MÉLISANDE : Qui est-ce ?

ARKEL : C'est... il ne faut pas t'effrayer... Il ne te veut pas le moindre mal, sois-en sûre... Si tu as peur, il s'en ira... Il est très malheureux...

MÉLISANDE : Qui est-ce ?

ARKEL : C'est... c'est ton mari... c'est Golaud...

MÉLISANDE : Golaud est ici ? Pourquoi ne vient-il pas près de moi ?

GOLAUD, se traînant vers le lit : Mélisande... Mélisande...

MÉLISANDE : Est-ce vous, Golaud ? Je ne vous reconnaissais presque plus... C'est que j'ai le soleil du soir dans les yeux... Pourquoi regardez-vous les murs ? Vous avez maigri et vieilli... Y a-t-il longtemps que nous ne nous sommes pas vus ?

GOLAUD, à Arkël et au médecin : Voulez-vous vous éloigner un instant, mes pauvres amis... Je laisserai la porte grande ouverte... Un instant seulement... Je voudrais lui dire quelque chose ; sans cela je ne pourrais pas mourir... Voulez-vous ? – Allez jusqu'au bout du corridor ; vous pouvez revenir tout de suite... Ne me refusez pas cela... Je suis un malheureux... (Sortent Arkël et le médecin) – Mélisande, as-tu pitié de moi, comme j'ai pitié de toi ?... Mélisande ?... Me pardonnes-tu, Mélisande ?...

MÉLISANDE : Oui, oui, je te pardonne... Que faut-il pardonner ?

GOLAUD : je t'ai fait tant de mal, Mélisande... Je ne puis te dire le mal que je t'ai fait... Mais je le vois, je le vois si clairement aujourd'hui... depuis le premier jour... Et tout ce que je ne savais pas jusqu'ici, me saute aux yeux ce soir... Et tout est de ma faute, tout ce qui est arrivé, tout ce qui va arriver... Si je pouvais le dire, tu verrais comme je le vois !... Je vois tout, je vois tout !... Mais je t'aimais tant !... Je t'aimais trop !... Mais maintenant, quelqu'un va mourir... Il faut qu'il sache la vérité, sans cela il ne pourrait pas dormir... Me jures-tu de dire la vérité ?

MÉLISANDE : Oui.

GOLAUD : As-tu aimé Pelléas ?

MÉLISANDE : Mais oui ; je l'ai aimé. Où est-il ?

GOLAUD : Tu ne me comprends pas ? – Tu ne veux pas me comprendre ? – Il me semble... Il me semble... Eh bien, voici : Je te demande si tu l'as aimé d'un amour défendu ?... As-tu... avez-vous été coupables ? Dis, dis, oui, oui, oui ?...

MÉLISANDE : Non, non ; nous n'avons pas été coupables. – Pourquoi demandez-vous cela ?

GOLAUD : Mélisande !... dis-moi la vérité pour l'amour de Dieu !

MÉLISANDE : Pourquoi n'ai-je pas dit la vérité ?

GOLAUD : Ne mens plus ainsi, au moment de mourir !

MÉLISANDE : Qui est-ce qui va mourir ? – Est-ce moi ?

GOLAUD : Toi, toi ! et moi, moi aussi, après toi !... Et il nous faut la vérité... Il nous faut enfin la vérité, entends-tu !... Dis-moi tout ! Dis-moi tout ! Je te pardonne tout !...

MÉLISANDE : Pourquoi vais-je mourir ? – Je ne le savais pas...

GOLAUD : Tu le sais maintenant !... Il est temps ! Il est temps !... Vite ! vite !... La vérité ! la vérité !...

MÉLISANDE : La vérité... la vérité...

GOLAUD : Où es-tu ? – Mélisande ! – Où es-tu ? – Ce n'est pas naturel ! Mélisande ! Où es-tu ? Où vas-tu ? (Apercevant Arkël et le médecin à la porte de la chambre.) – Oui, oui ; vous pouvez rentrer... Je ne sais rien ; c'est inutile... Il est trop tard ; elle est déjà trop loin de nous... Je ne saurai jamais !... Je vais mourir ici comme un aveugle !...

ARKEL : Qu'avez-vous fait ? Vous allez la tuer...

GOLAUD : Je l'ai déjà tuée...

ARKEL : Mélisande...

MÉLISANDE : Est-ce vous, grand-père ?

ARKEL : Oui, ma fille... Que veux-tu que je fasse ?

MÉLISANDE : Est-il vrai que l'hiver commence ?

ARKEL : Pourquoi demandes-tu cela ?

MÉLISANDE : Parce qu'il fait froid et qu'il n'y a plus de feuilles...

ARKEL : Tu as froid ? – Veux-tu qu'on ferme les fenêtres ?

MÉLISANDE : Non, non... jusqu'à ce que le soleil soit au fond de la mer. – Il descend lentement, alors c'est l'hiver qui commence ?

ARKEL : Oui. – Tu n'aimes pas l'hiver ?

MÉLISANDE : Oh ! non. J'ai peur du froid – Ah ! J'ai peur des grands froids...

ARKEL : Te sens-tu mieux ?

MÉLISANDE : Oui, oui ; je n'ai plus toutes ces inquiétudes...

ARKEL : Veux-tu voir ton enfant ?

MÉLISANDE : Quel enfant ?

ARKEL : Ton enfant. – Tu es mère... Tu as mis au monde une petite fille...

MÉLISANDE : Où est-elle ?

ARKEL : Ici...

MÉLISANDE : C'est étrange... je ne puis pas lever les bras pour la prendre...

ARKEL : C'est que tu es encore très faible... Je la tiendrai moi-même ; regarde...

MÉLISANDE : Elle ne rit pas... Elle est petite... Elle va pleurer aussi... J'ai pitié d'elle...

*La chambre est envahie, peu à peu, par les servantes du château, qui se rangent en silence le long des murs et attendent.*

GOLAUD, se levant brusquement : Qu'y a-t-il ? – Qu'est-ce que toutes ces femmes viennent faire ici ?

LE MÉDECIN : Ce sont les servantes...

ARKEL : Qui est-ce qui les a appelées ?

LE MÉDECIN : Ce n'est pas moi...

GOLAUD : Pourquoi venez-vous ici ? – Personne ne vous a demandées... Que venez-vous faire ici ? – mais qu'est-ce que donc ? – Répondez !...

*Les servantes ne répondent pas.*

ARKEL : Ne parlez pas trop fort... Elle va dormir ; elle a fermé les yeux...

GOLAUD : Ce n'est pas ?

LE MÉDECIN : Non, non ; voyez, elle respire...

ARKEL : Ses yeux sont pleins de larmes. – Maintenant c'est son âme qui pleure... Pourquoi étend-elle ainsi les bras ? – Que veut-elle ?

LE MÉDECIN : C'est vers l'enfant sans doute. C'est la lutte de la mère contre la mort...

GOLAUD : En ce moment ? – En ce moment ? – il faut le dire, dites ! dites !

LE MÉDECIN : Peut-être...

GOLAUD : Tout de suite ?... Oh ! Oh ! Il faut que je lui dise... – Mélisande ! Mélisande !... Laissez-moi seul ! laissez-moi seul avec elle !...

ARKEL : non, non ; n'approchez pas... Ne la troublez pas... Ne lui parlez plus... Vous ne savez pas ce que c'est que l'âme...

GOLAUD : Elle ferme les yeux...

ARKEL : Attention... Attention... Il faut parler à voix basse. – Il ne faut plus l'inquiéter... L'âme humaine est très silencieuse... L'âme humaine aime à s'en aller seule... Elle souffre si timidement... Mais la tristesse, Golaud... mais la tristesse de tout ce que l'on voit !... Oh ! oh ! oh !...

*En ce moment, toutes les servants tombent subitement à genoux au fond de la chambre.*

ARKEL, se tournant : Qu'y a-t-il ?

LE MÉDECIN, s'approchant du lit tâtant le corps : Elles ont raison...

Un long silence.

ARKEL : Je n'ai rien vu. – Êtes-vous sûr ?...

LE MÉDECIN : Oui, oui.

ARKEL : Je n'ai rien entendu... Si vite, si vite... Tout à coup... Elle s'en va sans rien dire...

GOLAUD, sanglotant : Oh ! oh ! oh !

ARKEL : Ne restez pas ici, Golaud… Il lui faut le silence, maintenant… Venez, venez… C'est terrible, mais ce n'est pas votre faute… C'était un petit être si tranquille, si timide et si silencieux… C'était un pauvre petit être mystérieux, comme tout le monde… Elle est là, comme si elle était la grande sœur de son enfant… Venez, venez… Mon Dieu ! Mon Dieu !… Je n'y comprendrai rien non plus… Ne restons pas ici. – Venez ; il ne faut pas que l'enfant reste dans cette chambre… Il faut qu'il vive, maintenant, à sa place… C'est au tour de la pauvre petite…

*Ils sortent en silence.*

FIN.